इनायत
दी ब्लेसिंग

अंशिका

Copyright © Anshika
All Rights Reserved.

ISBN 978-1-63832-102-6

This book has been published with all efforts taken to make the material error-free after the consent of the author. However, the author and the publisher do not assume and hereby disclaim any liability to any party for any loss, damage, or disruption caused by errors or omissions, whether such errors or omissions result from negligence, accident, or any other cause.

While every effort has been made to avoid any mistake or omission, this publication is being sold on the condition and understanding that neither the author nor the publishers or printers would be liable in any manner to any person by reason of any mistake or omission in this publication or for any action taken or omitted to be taken or advice rendered or accepted on the basis of this work. For any defect in printing or binding the publishers will be liable only to replace the defective copy by another copy of this work then available.

क्रम-सूची

अस्वीकरण v

प्रस्तावना vii

संकलनकर्ता द्‌वारा

1. मेरा प्यार 3

सह-लेखक/सह-लेखिकाओं द्‌वारा

2. जिंदिगी का सच 7
3. जिन्दगी का भी दस्तूर निराला है 8
4. बलात्कार है 9
5. प्यार से परिन्दा तक का सफर 11
6. आज नहीं तो कल है 12
7. मौत 14
8. मजबूरी 15
9. हिंदुस्तान 16
10. करम है उसका 17
11. कलम–ऐ–आशिक 18
12. मेरे कुछ सवाल 19
13. प्रकृति 20
14. हमसाया 21
15. बचपन का दौर 22
16. वो लड़की है ना 23
17. नवाज़िश 24
18. एक आवाज़ 25

क्रम-सूची

19. नारी सशक्तिकरण	27
20. क्योंकि मोहब्बत हूँ मैं।	28
21. लक्ष्य की इच्छा	30
22. दोस्ती	31
23. कांच सा यह नाजुक दिल मेरा	32
संकलंकर्ता का परिचय	33
सह- लेखक/ लेखिकाओं का परिचय	35
कम्यूनिटी(Solaced Pentales) के बारे में	43

अस्वीकरण

हमने हर लेखक की रचनाओं की पूर्ण रूप से जाँच की हैं तथा कि व यह सुनिश्चित करने की कोशिश की हैं, की इस संकलन मे शामिल हर रचना लेखकों द्वारा स्वयं लिखित हैं। परंतु यदि फिर भी अगर बाद में पता चलता हैं की किसी रचना की चोरी पाई जाती हैं तो इसके लिए हम जिम्मेदार नहीं हैं। हमने सभी लेखकों से उनकी स्वरचित एवं अप्रकाशित लेखन का ही योगदान माँगा था और हमारा संबंध निष्कपट और विश्वास पर आधारित हैं।

पुस्तक में वर्णित वर्ण या घटनाएँ कल्पना पर आधारित या सजीव हो सकती हैं लेकिन वे किसी भी व्यक्ति, जाति, धर्म या व्यवस्था के लिए न तो किसी से घृणा करते हैं और न ही किसी के विरुद्ध किसी की भावनाओं को आहत करने के लिए हैं।

प्रस्तावना

हमारे सह-लेखकों को हमारा धन्यवाद, आपके बहुमूल्य योगदान, दृढ़ संकल्प और सहयोग के बिना यह पुस्तक संभव नहीं थी। प्रकाशित होना हर लेखक का सपना होता है और 'इनायत' , अंशिका का ऐसा ही एक सपना है। लेकिन यह पुस्तक हमारे अद्भुत लेखकों की सक्रिय भागीदारी से अधिक सुंदर है। हम अपने सभी सह-लेखकों को फिर से धन्यवाद देते हैं और हर अद्भुत लेखक के जीवन के सभी अद्भुत लोगों को इस अद्भुत परियोजना के लिए उनके प्रोत्साहन, उत्साह और समर्थन के लिए धन्यवाद देते हैं।

संकलनकर्ता द्वारा

1. मेरा प्यार

प्यार तब होता है जब आप परवाह करो,
दुनिया को भूल तुम हिम्मत करो,
उसका हाथ पकड़ कर साथ चलने की हिम्मत करो,
जब वो बात करे, जुड़ जाओ,
जब आप दुखी हो, तो वो मुस्कुराने की वजह हो।

प्यार कोई बंधन नहीं, कोई मजबूरी नहीं
यह एक साधारण और खूबसूरत एहसास है
यह उलझा हुआ नहीं है, हम इसे उलझाते हैं
और सुलझाते हुए कभी कभी हमसे टूट जाता है

प्यार तब है, जब आपको भरोसा हो,
उसकी आंखों में वो विश्वास दिखे
यही सच हैं
उसका छूना अब अनजाना नहीं है
यह महसूस करने को है दिखने को नहीं।

- अंशिका मित्तल

सह-लेखक/सह-लेखिकाओं द्वारा

2. जिंदिगी का सच

क्यों खुश नहीं हो अपने आप से,
किसी की सुन ली है या तंग हो हालात से...

यहाँ हर कोई रखता है ख़बर ग़ैरों के गुनाहों की,
अजीब फितरत हैं, कोई आइना नहीं रखता...

कुछ इंतज़ार का आँखों मे ताउम्र रहना,
ज़िंदगी जीने की वजह बन जाता है...

यूं तो ज़िन्दगी के कई लम्हों को जिया है मैंने,
मगर सुकून जिसमें मिला वो बचपन था...

- उत्सव कटियार

3. जिन्दगी का भी दस्तूर निराला है

जिन्दगी का भी दस्तूर निराला है,
कहीं है 56 भोग तो,
कहीं हाथ में सिर्फ एक निवाला है।।
कहीं जला पटाखे मन रही है दिवाली,
तो किसी के घर में दिवाला है।।
जिन्दगी का भी दस्तूर निराला है।।

ऐ दोस्त जिन्दगी का दस्तूर निराला है,
किसी के गले में है हीरों जड़ा हार,
तो किसी के गले में फूलों की माला है।।
किसी के घर की पहरेदारी के लिए है चार पांच लोग,
तो किसी के घर का पहरेदार सिर्फ एक ताला है।।
जिन्दगी का भी दस्तूर निराला है ।।

- अनीता मंगला

4. बलात्कार है

पापी कहो या बेशरम,
दोनों का वो हकदार है
जब जब उसने गला घोटकर किया बलात्कार है।।

मुजरिम समझो या गुनेहगार,
दोनों का वो भागीदार है
फांसी दो या ना दो वो गिर चुका सबकी नजरो में कई बार
है
क्योंकि उसने जो किया वो बलात्कार है।।।

चाहे उससे हैवान कहो या कहो उससे दरिंदा
छोटी सी बच्ची का जब उसने किया जिस्म बेहाल है
हां जो उसने किया वो बलात्कार है।।

बेटी सी वो दिखती थी, माँ के आंचल में जो छुपती थी
समझ ना सकी के इस प्यार के ढोंग में वो
कर रहा कारोबार है...
और हाँ मैं कहती हूँ जो उसने किया वो बलात्कार है।।।

रोज़ रोज़ जो हास्ती थी, अब चुप बैठी लाचार है
क्यों मिली उससे वो आजादी जिसने छीना
उससे उसका संसार है...

इनायत

जबसे उस हैवान ने किया उसका बलात्कार है।।

अब चुप है वो ना कहती कुछ बार बार है
सेहम के रहगई है, होगाई बेहाल है
दिल टूटने से पहले जिस्म टूट चुका जिसका हर बार है
जब जब उस शैतान ने किया किसी भी औरत
का बलात्कार है।।।

- अंशिका दुबे

5. प्यार से परिन्दा तक का सफर

ज़िन्दगी में मुझे तन्हाई चाहिए
मुझे सिर्फ मैं और मेरा ख़ुदा चाहिए
हर तरफ दरिंदगी छा रही है ईश्वर
मुझे अच्छी ज़िन्दगी से बेहतर मौत चाहिए

हौसला बुलंद हो ही गया
कम्बख्त ज़िन्दगी कायर थी या हम
फैसला तो अब भी नहीं हो पा रहा
तनहा वह रात थी या हम

कभी फासला मिटाने का सोचूँ
तो क्यों ख़्वाबों में और करीब आजाती हो
जब जब भूलने की कोशिश करूँ तुम्हें
तुम क्यों ख़ून के आँसू बन जाती हो

- अर्चिष्मान सत्पथी

6. आज नहीं तो कल है

अगर आज काली रात है तो कल सवेरा भी तो है
अगर आज गम के बादल छाए हैं तो कल रोशनी भरी धूप भी तो है
अगर आज तेरी राहों पर कांटे हैं तो कल उन्हीं रास्तों पर फूल भी तो है
तो बस
किसी एक आज की वजह से अपनी काबिलियत पर शक मत कर
किसी एक आज की वजह से अपने हौसले को कम मत कर
किसी एक आज की वजह से अपने सब्र के बांध को टूटने मत दे
क्योंकि यह सब तो वक्त का खेल है
आज नहीं तो कल है
आज नहीं तो कल है

अगर आज तू निराश है तो भूल मत कि कल दुनिया को भी तेरी तलाश है
अगर आज तेरा रक्त बहा है तो भूल मत यह सब व्यर्थ नहीं गया है
अगर तुझे लगता है कि तू पीछे छूटा है और इस कारण तू टूटा है तो भूल मत कि यह कोई दौड़ नहीं है इसमें ना

कोई ऊपर ना नीचे है बस तू खुश है यह जरूरी है
क्योंकि यह सब तो वक्त का खेल है
आज नहीं तो कल है
आज नहीं तो कल है

- आयुष गौर

7. मौत

जो आया है उसे तो जाना पड़ेगा,
ईश्वर को दिया वादा निभाना पड़ेगा।

जिसे जाना है उसे,
तू रोक न पायेगा।

राह न देख उसकी,
वह लौट न आयेगा।

मौत तो किस्मत का दस्तूर है,
उसे बदल न पाओगे।

तेरी मौत भी तो आयेगी,
ये खुद को कब समझाओगे?

- देबश्रीता जैस्वाल

8. मजबूरी

"यह कैसी मजबूरी है,
चाहत भी है, बेदर्दी भी हैं।"
निगाहों में बस्ती उसकी सूरत
ग़मों के महफ़िल में खुश कर जाती है।
बाहों में लेकर यादों को आंखें नम
और ख़ामोश कर जाती है।
रातों को तेरे ख्यालों से उलझ ते है
सोये नही कहीं दिनों से,
रहम खा मुझपे, अगर पा लेते इस जनम तो
ख़तम होजाती कहानी हमारी।
"अफसोस सपने हम सजाते है,
हकीकत कोई और बना लेता है।"

- कामू पिल्लई

9. हिंदुस्तान

ये मेरे दोस्त मुझे ऐसा हिंदुस्तान चाइये
मौलबी के हाथ मे गीता पुजारी के हाथ मे कुरान चाइये
ये मेरे दोस्त ऐसा हिदुस्तान बनाया जाए
मस्जिद मैं गीता और मंदिर मे आयत सुनाया जाए
तेरे खून भी तो मेरे ही समान है
फिर तुझे भाई किस बात का गुमान है
मानता हूं मैं हिन्दू तू मुसलमान है
पर भाई इन सबसे पहले तू एक इंसान है
ऐसी कोई कुरान नही जिसमे बटवारा बताया गया
ना मेरी गीता मैं बटवारा सिखाया गया
बताओ दोस्त फिर तुम कोनसी किताब पढें जा रहे हो
राजनीति के चक्कर मे भाई तुम बेमतलब लडे जा रहे हो

- गौरव शर्मा

10. करम है उसका

है साथ मेरे इक साया बचपन से देखा है,
तपती धूप में उसको, छाया बनते देखा है!!
एक आस रही मुझको हरदम कि साथ मेरे है कोई,
कुछ और नहीं बस सब करम ख़ुदाया है!!
कितने भटके मंदिर-मस्जिद, गुरुद्वारा भी हो आए,
देख न पाया फ़िर भी कोई, वो कहाँ रहता है?
दूध, मिठाई, चन्दन, पेड़े, क्या मतलब है उसको इससे,
वो तो चींटी की उस छोटी-सी बिल में भी रहता है!!
करो शुक्रिया, धन्यवाद सबको वो ही देखता है,
कुछ और नहीं बस सब करम ख़ुदाया है!!
सुबह को लाली, शाम को छाया, कैसे वो करता है?
हम सबका मालिक एक, वही कर्ता-धर्ता है!!
अच्छे-बुरे सब हैं यहाँ, पर सबका पेट भरता है,
कुछ और नहीं बस सब करम ख़ुदाया है!!
आसमानों-ज़मीन का मालिक है, पर कहाँ वो रहता है?
मंदिर-मस्जिद में नहीं, सबके दिलों में बसता है!!
सबका साथ देता है, हर मुश्किल, सुख-दुःख में,
कुछ और नहीं बस सब करम ख़ुदाया है!!

- होमा सालिम

11. कलम-ऐ-आशिक

लुफ्त उठाते है ज़िन्दगी का
क्योंकि वक्त-ऐ-मौका हर बार नहीं होता
हम निकलते है उस राह पर अक्सर
जहां हमारा जाना बार बार नहीं होता
जी लो ज़िन्दगी को होके खुश मिजाज
क्योंकि वक्त हर बार इतना मेहरबान नहीं होता

बड़ी मुश्किल से सीखा था ज़िन्दगी में जीना
और वक्त की कशमकश ने हमे लिखना सीखा दिया

कोई पीता है गम में शराब
तो कोई घूमने का मजा लेते है
हम ज़िन्दगी में मशगूल से हुए
शब्दो का जाम लेते है
मिल जाए कुछ लिखने को अपने बारे में
किताब में उतार शायरी बना लेते है

- जितेन्द्र सिंह रामगढ़िया (जे.डी.)

12. मेरे कुछ सवाल

नहीं चाहिए तुम्हारी सहानुभूति,
नहीं चाहिए तुम्हारी झूठी चिंता,
अगर इतना ही शौक है,
तो मुझे आज पूछ लेने दो कुछेक सवाल।
तो बताओ मुझे, दे सकते हो मुझे,
मेरी माँ की गोद, जिसपर सिर रखके,
मैं अपने सारे दुख भूल, सो जाता था?
बताओ मुझे, क्या लौटा सकते हो,
सुकून के वो लम्हे, जब मैं पिताजी के साथ,
रश्मिरथी का पाठ, किया करता था?
नहीं न, नहीं कर पाओगे न?
तो क्यों मुझसे पूछते हो,
"बेटा, उनकी याद आती है?,
यहां अकेला तो नहीं लगता?"
क्यों मेरे घाव हरे करते हो?
क्यों एक ज़िन्दा लाश को छेड़ते हो?
जब ये अच्छे से जानते हो, कि मर रहा हूं मैं,
बिना अपने माँ और पिताजी के,
मजबूरी में सांस ले रहा हूं।

- क्षितिज बाजपेई

13. प्रकृति

प्रकृति से हम है और हमसे प्रकृति है।
प्रकृति नहीं तो हम भी नहीं है।
प्रकृति पांच महाभूतो से निर्मित है।
हम मनुष्य भी पांच महाभूतो से बने है।
प्रकृति हमसे कुछ नहीं मांगती है।
प्रकृति जो हमे सब कुछ देती है।
प्रकृति मनुष्य के शरीर को बनाए रखती है।
प्रकृति मनुष्य का भरण - पोषण करती है।
प्रकृति का ध्यान रखना हमारा कर्तव्य है।
प्रकृति जो कि तितली सी सुंदर है।
प्रकृति जो कि खुला आसमान है।
प्रकृति जो कि हमारे भीतर भी है।
प्रकृति का एक अंग मनुष्य भी है।
प्रकृति के साथ मनुष्य करता छेड़ खानी है।
प्रकृति में उथल - पुथल करता मनुष्य है।

-मनीषा हालदार

14. हमसाया

तुम आए एक हसीं ख्वाब बनकर
जैसे तोड़ सारे बंधनों को, जा नदी समुद्र में मिल जाती है
तुम खुदको मेरा हकदार बताते हो...

कभी धूप कभी छाँव बन, बन पतझड़ तो कभी वसंत
तुम मुझसे प्रेम जताते हो,
सूर्य तेज-सा, चाँद-सा शीतल
मुझको घनघोर अँधेरे में, दीपक बन राह दिखाते हो...

हो कभी जो मन व्यथित मेरा, लड़खड़ाने लगे कदम मेरे
कभी चट्टान कभी हमसाया बन, साथ मेरा दे जाते हो,
जब होते तुम मुझसे दूर कभी
फूलों की महकती खुशबू, बहती ठंडी तेज पवन बन तुम
मुझको अपना एहसास कराते हो...

जो नींद न हो नयनों में मेरी, मन करे गीत सुनने का
चहचहाता पंक्षी बन, अपनी मधुर आवाज़ सुनाते हो,
जो थी और जो हूँ अब मैं, हर पल झोली भर खुशियों से मेरी
तुम मुझको संपूर्ण बनाते हो...।

\- मृदुला आर्य

15. बचपन का दौर

न हसने की कोई वज़ह थी,
न रोने का कोई बहाना था,
क्यों हो गए हम इतने बड़े?
इससे अच्छा तो वो बचपन का जमाना था।
न हसने की कोई वज़ह थी,
न रोने का कोई बहाना था,
क्यों हो गए हम इतने बड़े?
इससे अच्छा तो वो बचपन का जमाना था।

- प्रिया चौधरी

16. वो लड़की है ना

वो इशारे समझ जाती है,
वो लोगो की निगाहें समझ जाती है,
वो लोगो की बिन कही बाते समझ जाती है,
वो अनकहे लफ्ज समझ जाती है,
वो और कोई नही साहब,
वो लड़की है
वो उम्र से पहले बडी हो जाती है।
वो अपनी ख्वाहिशो को दबाना जानती है,
वो रोते हुए भी मुस्कुराना जानती है,
वो अपनी खुशियो को दबाना जानती है,
वो और कोई नही साहब
वो लड़की है,
वो उम्र से पहले बडी हो जाती है।

- रश्मि जोशी

17. नवाज़िश

अलग हूँ गलत नहीं,
आदत है तेरी तलब नहीं,
ज़मीन पर हूँ फ़लक नही,
आज़मा ले तू परख नहीं,
चाहूँ तेरे साथ रहना अलग नही,
अलग हूँ गलत नहीं...।।

अल्फ़ाज़ में बयान ना कर सको तो इशारा कर देना,
बस इस प्यार को ना किनारा कर देना,
झूठ सही जताते रहना मुझे यू बेसहारा ना कर देना,
अल्फ़ाज़ में बयान ना कर सको तो इशारा कर देना...।।

- रोहन

18. एक आवाज़

पानी की तरह बहती थी जो,
आज थम सी गयी हैं
गलियां हैं वही पुरानी,
बस सड़के नई हैं
तितली बन उड़ती थी जो आसमान में,
वो आज नजाने कहाँ जा छुपी हैं
गुलों की तरह महका करती थी जो,
शायद अब किसी से बच रही हैं
सजती संवरती थी जो,
अब सब भुला रही हैं
एक बूँद तेज़ाब की थी
जो उसपर जा गिरी हैं
और आज फिर किसी की ज़िद ने
उसकी ज़िन्दगी तबाह की हैं
जिस रूप को निखारती थी पहले
आज उसी से डर गयी हैं
हाँथ उठे थे फिरसे कईं,
और फिर किसीकी इज़्ज़त नीलाम हुई हैं
क़ब्र बनी एक और नई,
शायद वहीं उसकी चीखें दबी हैं
आज रिश्तों की हकीकत जानकर,
कुछ सहमी -सहमी सी हैं

इनायत

डरती हैं कुछ कहने से,
मगर फिर भी अपने डर की दास्तां सुनाना चाहती हैं
कल तक झुलाता था जो पेड़ उसे,
आज उसी से झूल रही हैं
बस कल तक साँसें चल रही थी,
अब वो भी घुठ चुकी हैं
सोचती हैं अब,
क्या पता किसी दरिंदे ने,
अगली कहानी उसकी लिखी हैं
मुआफ़ करना जनाब,
मगर अब यह दुनिया इंसानों की नहीं हैं !
इंसानो की नहीं हैं !!!

- सान्वी त्यागी

19. नारी सशक्तिकरण

जिनको लगता है लड़कियां शारीरिक तौर पर कमजोर होती है,
उन्हें बता दूं खुद का जिस्म बेचकर अपने परिवार को पालना कोई आसान बात नहीं है!

जो लोग लड़कियों को कमजोर समझते हैं,
वो जाकर अपनी सोच को सैनिटाइज करें!

लड़कियों को "प्रोडक्ट" बोलने वाले से एक सवाल पूछनी थी
अपनी माँ-बहन की "सेलिंग प्राइस" कितनी रखी है!

लड़किया कब तक संभाले अपना पल्लू ,
कभी लड़के भी संभाले अपनी निगाहें!

-सब्बि अंसारी

20. क्योंकि मोहब्बत हूँ मैं।

मैं साहिल पर लिखी कोई इबारत नही
जो लहरों मे मिलकर खो जाये।
ना बारिश की बरसती बूंद हूँ, जो बरस कर थम जाये!
मैं हवा का झोंका नही, की आकर गुजर जाओं।
ना चांद हूँ, के रात तले ढल जाओं।
बल्कि, मै तो एक एहसास हूँ!

जो खून मे रवां होये, रवां होकर गर्दिश करे।
हूँ वो रंग मै,
जो दिल मे उतरे और रूह पर चढ़ जाये।
मै तो वो मीठा गीत हूँ,
जो लबों पर बसे और कभी जुदा ना हो।
हूँ मै वो परवाना, जो जले-जलता रहे
उफ्फ तक ना करे ।।
मैं तो अवाज हूँ, परवाज़ भी।

खुदा के बाद तेरा हमराज भी।
हूँ तेरे खुशियों मे शामिल, तेरे दुखों की ढाल भी
मैं तेरा रास्ता, या मंजिल नही!तेरा जहां हूँ!
मैं इबारत, ख्वाब, चार बूंद शमा हूँ।।
इंसान मिट जाये भले,
मेरे मिटने का सवाल नही!

क्योंकि मैं ही खाव्ब, हकीकत हूँ मै।
क्योंकि मोहब्बत हूँ मै!!

- सारा आसिफ

21. लक्ष्य की इच्छा

ख्वाब जो पिरोया है,
अब पाने की ख्वाहिश है।
दिन ब दिन मेहनत करके,
रास्ते बनाने की रंजिश है।।

आसमान को छूने की,
सीढियां अब बनानी है।
ख्वाब पूरा करने की,
मैंने तो बस ठानी है।।

थक कैसे सकती हूं मैं,
बुढापा नही जवानी है।
हरकत है बच्चों वाली,
पतंग ऊंची उड़ानी है।।

आज हार गई मैं तो,
पीछे ही रह जाउंगी।
पहुंचने को अपने लक्ष्य पर,
कुछ भी मैं सह जाउंगी।।

- सृष्टि श्रीवास्तव

22. दोस्ती

दोस्ती, ये सिर्फ शब्द तो नहीं है।।
अँधेरे जलते दिए की रौशनी है दोस्ती।
चांद को छुने की राह दिखने वाली है दोस्ती।
रोते हुए को हँसाने वाली है दोस्ती।
गिरने पर उठाने की बजाये हसने वाली है दोस्ती।
लड़ाई में गलत होने पर भी साथ निभाने वाली है दोस्ती।
गुस्सा आने पर मानाने वाली है दोस्ती।
और चाहे कितनी भी मुश्किलें आये आखिर तक जो साथ रहे वो है दोस्ती।
"हम गम में साथ देंगे"
"हम गम में साथ देंगे", केहने के बजाये "हम है तो क्या गम है" कहती है दोस्ती।
ये कोई सफ़र तो नहीं जो कट जाए,
उमार नहीं जो ढल जाए,
दोस्ती तो वो एहसास है जिसके लिए जिया जाये तो ज़िन्दगी भी कम पढ़ जाए।।
ज़िन्दगी भी कम पढ़ जाए।।

- वंशिका गर्ग

23. कांच सा यह नाजुक दिल मेरा

कांच सा यह नाजुक दिल मेरा उसने तोड़ दिया
शायद यह मेरी ही गलती थी
जो मैंने उसको मेरा दिल तोड़ने का हक़ दिया
उसकी हर अदा पे फ़िदा थी मैं
मेरी हर झलक पे एक शायरी कहता वो
कभी मेरी मुस्कान की वजह बनके
तो कभी मेरे लिए दुनिया से लड़ता था वो
और रही बात मेरी तो...
मेरे हर ख्वाब में मौजूद होता वो, मेरे हर किस्से का वजूद होता वो
मेरी हर बात उससे जुडी होती
मेरी हर ज़िक्र उसके जिए और उसके बारे में हुआ करती
रब की मेहरबानी से, वो दो तरफ़ा प्यार था
मुझे भी उससे प्यार हुआ था
मैंने भी उसको अपना दिल दिया था
जो उसने अब तोड़ दिया.....

- वैष्णवी साहानी

संकलंकर्ता का परिचय

अंशिका| IG: @inaayat_writes

अंशिका एक दिल्ली, भारत में स्थित युवा लेखक हैं। उन्होंने कुछ एंथोलॉजी में सह-लेखक हैं और उन्होंने हिंदी और अंग्रेजी भाषाओं में कुछ एंथोलॉजी को संकलित किया है। वह मुख्य रूप से दोस्ती, प्यार, आत्म-प्रेम और प्रेरणा पर लिखती है। वह ज्यादातर अपने विचार, उद्धरण और कविता अपने इंस्टाग्राम पेज पर साझा करती हैं।

सह- लेखक/ लेखिकाओं का परिचय

1. उत्सव कटियार

उत्सव कानपुर से हैं, वर्तमान में दिल्ली में कार्यरत हैं। सिप्ला में अस्पताल व्यवसाय प्रबंधक के रूप में कार्य करते हैं, एक शौक के रूप में लिखते हैं। वह अपने दोस्तों के साथ क्रिकेट खेलना पसंद करते हैं। वह प्रभावित नहीं व्यक्त करने के लिए लिखते हैं।
Instagram: Inaayat_writes

2. अनीता मंगला

इंजीनियरिंग की छात्रा, युवा हिन्दी लेखिका अनिता मंगला मूल रूप से पंचकूला, हरियाणा से ताल्लुक़ रखती हैं। अनिता जी फिलहाल गवर्नमेंट पॉलिटेक्निक से पढ़ाई कर रही हैं। प्रस्तुत पुस्तक में इन्होंने अपने विचारों पर आधारित ये कविता लिखी है। लगभग 5 महिने पहले से ये लिख रही हैं।। और बहुत सारी पुस्तकों में अपनी कविताये दे चुकी हैं।।
Instagram @Imperfect_lines_7

3. अंशिका दुबे

अंशिका दुबे, पंजाब से एक लड़की जिसे लिखना बेहद पसन्द है। पेशे से एक लेखिका तो नहीं, मगर लिखना उसका जूनून है।। अपने जज़्बातो को अल्फाज़ो में बया करना उसे बखूबी आता हैं। कई सारे ऑनलाइन कॉम्पटीशन में विजेता भी रह चुकी है, और जिसने कईयो को अपने लेख से प्रेरित भी किया है।

Instagram @_.ankahe._.ehsaas._

4. अर्चिष्मान सत्पथी

आर्चिशमन सतपथी, जिन्हें अक्सर देवगढ़, ओडिशा का उत्साही लेखक कहा जाता है, वे भी जीवन के अच्छे छात्र हैं। उन्होंने 16 साल की उम्र से उद्धरण लिखना शुरू किया और अब इसे जुनून के रूप में बनाया। वह वर्तमान में आयी.आयी.टी भुवनेश्वर से बी.टेक कर रहे हैं। उन्हें इस एंथोलॉजी में योगदान देना पसंद था।

5. आयुष गौर

लेखक आयुश गौर ग्रेटर नोएडा दिल्ली एनसीआर के निवासी हैं। वे दिल्ली यूनिवर्सिटी से बीकॉम ऑनर्स कर रहे हैं। साहित्य में रुचि होने के कारण वे कलम द्वारा अपने भाव व्यक्त करना पसंद करते हैं। उनकी कविताएं जीवन के तथ्य और सफलता के ऊपर आधारित होती हैं। वे अपनी रचनाओं से कई लोगों को प्रेरित करते हैं। वे और पुस्तकों में भी अपनी रचनाएं दे चुके हैं।

Instagram id : gaurs67

6. देबश्रीता जैस्वाल

देबाश्रीता जायसवाल १८ वर्षीय नवोदित लेखिका हैं। वह उत्तर प्रदेश स्थित गोरखपुर जिले की निवासी हैं। वह बचपन से ही लिखने की शौकीन हैं। वह अपनी कविताएँ और उद्धरण अपनी इंस्टाग्राम @x.pen_vibe.x पर डालती हैं।

सह-लेखक/ लेखिकाओं का परिचय

7. फिरोज उन्नीसा

वह एक मेडिकल छात्रा है जो राष्ट्र और गरीबों की सेवा करने के लिए दृढ़ है। उसके समर्थन के स्तंभ उसके माँ और पिताजी हैं। वह अल्लाह को अपने से अधिक मानता है और दीन की राह में कदम रक्ती है।

8. कामू पिल्लई

कामू पिल्लई एक भ्रम पैदा करने वाले कलाकार हैं। एक लेखक, गिटारवादक, सह-लेखक, स्वप्नद्रष्टा और बाइब्लॉफाइल। उसे और जानने के लिए, उसे instagram: @kamu.pillai_0fficial पर फॉलो करें।

9. गौरव शर्मा

नाम गौरव है और एमिटी यूनिवर्सिटी मैं पढ़ा करते हैं। जो महसूस करते है बस वो ही लिखा करते हैं। 8 वी क्लास मैं शायरी लिखने की शुरुआत की थी। Instagram :@gauravsharma3832

10. होमा सालिम

होमा सालिम उतर प्रदेश की निवासी हैं। इन्हें बचपन से ही साहित्य से गहरा लगाव रहा है। इन्होंने अपनी पहली कविता पाँचवीं कक्षा में लिखी थी। इनके विचारों, कविताओं और शायरियों

को पढ़ने के लिए आप इन्हें Instagram @hayaat_sagar पर Follow कर सकते हैं!

11. जितेन्द्र सिंह रामगढ़िया (जे.डी.)

सह-लेखक जीतेन्दर सिंह राम घरिआ राजस्थान के एक अच्छे लेखक हैं। वे लंबे समय से अपने जुनून के रूप में कविता / गीत / उद्धरण लिख रहे हैं। Instagram: - @ jd_writer13, YouTube: - Jay D13 Music

12. क्षितिज बाजपेई

15 साल की उम्र से क्षितिज बाजपेई ने कविताएं लिखना शुरू कर दिया है। 16 साल के क्षितिज अपने खाली समय में, कविताएं लिखते हैं और किताबें पढ़ते हैं। Instagram: @jesuis_frey

13. मनीषा हालदार

मनीषा हलधर मध्य प्रदेश की हैं। वह BAMS को मान रही है। उसने कम उम्र से लिखना शुरू कर दिया था क्योंकि यह उसे शांति देता है और यह उसकी तरफ से एक प्रयास है कि वह अपने लेखन द्वारा समाज को वापस दे। Instagram @ojasvi6666

14. मृदुला आर्य

लेखिका मृदुला आर्य, बरेली (उत्तर प्रदेश) की रहने वाली हैं। इन्हें बचपन से ही छोटी-छोटी कविताएँ लिखने का शौक है। इनकी

अधिकांश कविताओं में प्रकृति के लिए प्रेम की झलक दिखाई देती है। इनके मन में जो कुछ भी आता है, ये उन्हें अपनी कविताओं में उकेर देती हैं। इसके अलावा अपने खाली वक्त में इन्हें चित्रकारी करना, हस्तशिल्प बनाना इत्यादि भी बेहद पसंद है। अपनी सुंदर रचनाओं से भविष्य में ये एक अच्छी लेखिका बनना चाहती हैं। Instagram @aryason_1210

15. प्रिया चौधरी

सह-लेखिका प्रिया चौधरी उत्तराखण्ड की रहने वाली है। इन्हें अपने विचारों को कविताओं और शायरियों के रुप में लिखना पसंद है। Instagram @beingfukra2007

16. रश्मि जोशी

रश्मि जोशी उत्तराखंड की रहने वाली हैं। उन्होंने स्नातक में बी.एस.सी किया है और इस समय, वह बी.एड पहले वर्ष की छात्रा है। इन्हे कविताएँ और कहानियाँ लिखने का बहुत शौक है। Instagram @_diary8848_

17. रोहन

रोहन ग़ाज़ियाबाद उत्तर प्रदेश के रहने वाले है, यह ग्रेजुएट हूँ और एक अन्तर्राष्ट्रीय एयरलाइन में केबिन अटेंडेंट की पोज़ीशन पर काम करते है, इन्हें लिखना काफ़ी पसंद है और कुछ 4-5 साल से लिख रहे है, आशा करते हैं आपको पसंद आयेगा...
Instagram @roohaniyattttt

18. सान्वी त्यागी

सह लेखक साणवी त्यागी नोएडा की एक लेखिका हैं। वह अपने जुनून के रूप में 3 साल से लिख रही है। वह भविष्य में पत्रकार बनना चाहती है।

19. सब्बि अंसारी

सह-लेखक सबबी अंसारी, वह भागलपुर की एक अच्छी लेखिका हैं, बिहर शी गणित सम्मान पा रही हैं। वह लगभग 6 महीने से अपने जुनून के रूप में कविता लिख रही हैं। वह भविष्य में एक शिक्षक बनना चाहती है। Instagram @poet_and_pancakes

20. सारा आसिफ

सारा आसिफ 20 साल की राइटर हैं। वह भारत की निवासी है। वह अपने भाषण, लेखन, एक्शन और आवाज़ में कोमल हैं। वह अलग-अलग शैली में लिखती है और गहरे और मजबूत संदेशों के साथ कविता और कहानियां लिखती है। वह एक सोशल एक्टिविस्ट भी हैं। Instagram @___.saaraxxa.__

21. सृष्टि श्रीवास्तव

इनका नाम सृष्टि है। लक्ष्य पर दृष्टि है।
कविता करना जुनून है। ये जज्बा जैसे मून है।

22. वंशिका गर्ग

वंशिका एक छात्रा है, जो इंदौर से है। वह अपनी आत्मा को लिखना और व्यक्त करना पसंद करती है। हाल ही में उन्होंने इंस्टाग्राम पर लेखकों के पेज के साथ एक नई यात्रा शुरू की: - @ _writers_ink27। 40 से अधिक एंथोलॉजी के सह-लेखक। वह सिर्फ अजेय है और वह कुछ भी लेती है .. वह एक स्माइल के साथ चाहती थी कि वह अपने आप को अनूठा बनाने की कोशिश करे! इसकी शुरुआत है...आने के लिए और भी बहुत कुछ! और वास्तविकता यह है कि वह सपना देख रही है। साथ या उसकी आँखें बंद किए बिना। इंस्टा आईडी: - @ vanshikagarg0927

23. वैष्णवी साहानी

वैष्णवी साहानी एक शायर है। वो कवितायें लिखती है। वो विद्यालय में पढ़ती है। वो नववी कक्षा में है। आप उन्हें फॉलो कर सकते हो। Instagram :- @vaishnavz_creations

सह- लेखक/ लेखिकाओं का परिचय

कम्यूनिटी(Solaced Pentales) के बारे में

लेटस ग्रो टुगेदर कम्यूनिटी(Solaced Pentales), वीकली कॉम्पिटिशन और एक्टिविटीज़ आयोजित करने के माध्यम से नवोदित लेखकों के लिए लेखन के अपने जुनून को बढ़ाने और बेहतर बनाने का एक मंच है। प्रतियोगिताओं और चुनौतियों को व्हाट्सएप ग्रुप पर आयोजित किया जाता है और इंस्टाग्राम पेज @solaced_pentales पर प्रस्तुत किया जाता है जो लेखकों को अपनी प्रतिभा को लिखने और तैयार करने की मान्यता और प्रेरणा देता है। इस पृष्ठ का प्रबंधन दर्शिका मोरे और शिखा महतो द्वारा किया जाता है, इस समुदाय का एकल उद्देश्य नवोदित लेखकों की प्रतिभा को पहचानना और उन्हें लिबरल आर्ट्स के बारे में अधिक भावुक होने के लिए प्रोत्साहित करना है। यह समुदाय विभिन्न एंथोलॉजी परियोजनाओं में अपने काम को मुफ्त में प्रकाशित करने के लिए चयनित लेखकों को भी मौका देता है।

यह समुदाय एक संगठन, 'The Skill Roads' से भी जुड़ा हुआ है, जिसके तहत इस एंथोलॉजी परियोजना को अंजाम दिया गया है। संगठन का मुख्य उद्देश्य लेखकों को लेखन के माध्यम से खुशी फैलाने और उनके काम को प्रकाशित करने में नवोदित लेखकों की मदद करना है।

एंथोलॉजी में हिस्सा लेने या खुदकी पुस्तक प्रकाशित करने हो तो मेल करें solacedpentales@gmail.com पर, या इंस्टाग्राम @buddingsolace पर संपर्क कर सकते हैं।

www.ingramcontent.com/pod-product-compliance
Lightning Source LLC
LaVergne TN
LVHW041550060526
838200LV00037B/1226
9781638321026